AYAトレ決定版　ベーシック編

# AYAボディメソッド BASIC

AYA

講談社

# INTRODUCTION

## はじめに

　私の初めての著書『AYA ボディメソッド』に続く第2弾『AYA ボディメソッド BASIC』を世に送り出せることを嬉しく思います。すべてみなさんのおかげと、心から感謝しています。

　第1弾のエクササイズはけっしてラクではなかったと思いますが、大きな支持を受けられたのは、実践した方々に「これならカラダが変わる！」という実感があったからではないでしょうか。この第2弾のプログラムは、運動経験がない人にももっと取り組みやすいように意識して組み立てました。とはいえ、そう簡単にできるものではありません。前回と同じことを言っていますね。でも、"Tough & Beauty" を目指す道は、容易ではないのです。私自身、「まだまだ」と戒めながら、さらなる上を目指して日々、ワークアウトを行っています。みなさんも、まずは1週間、限界まで挑戦してみてください。1日ごとの課題をクリアした時の爽快な気持ちや達成感は、何にも代えがたいものです。カラダつきだけでなく気持ちのありようまで変えてくれますよ。

　この本では、とくに気になるパーツにフォーカスしたエクササイズを紹介しています。引き締まった二の腕、くびれのあるウエスト、筋の入ったふくらはぎ……よりカッコいいボディメイクを実現させます。エクササイズ初心者はもちろん経験者も、カラダの軸を意識しやすいようウエイト代わりのペットボトルを使用したり、パーツに効きやすいよう台（椅子）を使うエクササイズを用意しました。

　また、AYA オリジナルの食事レシピも1週間分公開します。私も仕事やトレーニングの合間につくり続けられている簡単なレシピですので、ぜひつくってみてくださいね。トレーニングと食事の2本柱で、どんな変化が自分のカラダに訪れるか楽しみにしてください。一緒に "Tough & Beauty" を手にしましょう！

Bratop:
Reebok
Pants:
radiance de SYHSÉ
Shose:
PRADA

# CONTENTS

もくじ

Let's start workout from today !

*Training gives me power.*

Jacket:
DIESEL
Swimwear:
Michael Kors

# HOW TO USE

## この本とDVDの使い方

### DVDメニュー画面

AYAトレ決定版　ベーシック編
**AYA ボディメソッド BASIC**

► **15 BASIC EXERCISES**
基本のエクササイズ15

► **WARM-UP & COOL-DOWN STRETCHES**
ウォームアップ＆クールダウン ストレッチ

► **1 WEEK WORKOUT PROGRAM**
1週間ワークアウトプログラム

❶　❷　❸

---

### ❶ 基本のエクササイズ15

1週間ワークアウトプログラムの基本となる15種類のエクササイズのやり方です。「PLAY ALL」を選択すると、15のエクササイズを通しで、「1エクササイズごとに」を選択すると、ひとつひとつのエクササイズを確認できます。この本のp.19 〜 35にあたります。

### ❷ ウォームアップ＆クールダウン ストレッチ

エクササイズの前後に行うストレッチのやり方です。「PLAY ALL」を選択すると、ウォームアップとクールダウンを通しで、「ウォームアップ」「クールダウン」を選択すると、それぞれのストレッチを確認できます。この本のp.37 〜 43にあたります。

### ❸ 1週間ワークアウトプログラム

基本のエクササイズを組み合わせたプログラムです。1日2メニューあり、MENU1はフルバージョンです。MENU2のダイジェストバージョンは、プログラムの指定通りに行った場合のトータルの時間はカバーしておりません。この本のp.64 〜 77にあたります。

---

**15 BASIC EXERCISES**
基本のエクササイズ15

► PLAY ALL
► 1エクササイズごとに

↩ BACK

---

**WARM-UP & COOL-DOWN STRETCHES**
ウォームアップ＆クールダウン ストレッチ

► PLAY ALL
► WARM-UP STRETCHES
　ウォームアップ
► COOL-DOWN STRETCHES
　クールダウン

↩ BACK

---

**1 WEEK WORKOUT PROGRAM**
1週間ワークアウトプログラム

► DAY 1　► DAY 4　► DAY 7
► DAY 2　► DAY 5
► DAY 3　► DAY 6

↩ BACK

---

**必ずお読みください**　●本書は、健康な成人を対象に作製しています。エクササイズの途中で体調が悪くなったり、痛みが生じた場合は、一旦中止して専門医にご相談ください。●体調に不安のある方や、持病がある方は、必ず医師の許可を得てからエクササイズを行ってください。

---

### DVD-Videoについての注意事項

◎DVDは赤いリボンから開封して取り出してください。台紙ごと取り外さないでください。
◎DVD-Videoとは、映像と音声を高密度に記録したディスクです。DVD-Video対応プレーヤーで再生してください。DVDドライブ付きPCやゲーム機などの一部の機種で、再生できない場合があります。
◎再生上の詳しい取り扱いについては、ご使用になるプレーヤーの取扱説明書をご覧ください。再生上に生じたご不明点は、プレーヤーの製造メーカーにお問い合わせください。
◎このディスクは特定の国や地域のみで再生できるように作製されています。したがって、

販売対象として表示されている国や地域以外で使用することはできません。各種機能についての操作方法は、お手持ちのプレーヤーの取扱説明書をご覧ください。
◎このタイトルは、16：9画面サイズで収録されています。
◎このディスクは家庭内観賞用にのみご使用ください。このディスクに収録されているものの一部を無断で複製（異なるテレビジョン方式を含む）・改変・転売・転貸・上映・放送（有線・無線）することは禁止されており、違反した場合、民事上の制裁および刑事罰の対象となることもあります。

---

### 取り扱い上のご注意

◎ディスクは両面とも、指紋、汚れ、傷などをつけないように取り扱ってください。また、ディスクに対して大きな負荷がかかると微小な反りが生じ、データの読み取りに支障をきたす場合もありますのでご注意ください。
◎ディスクが汚れたときは、メガネ拭きのような柔らかい布を軽く水で湿らせ、内側から外側に向かって放射状に軽く拭き取ってください。レコード用クリーナーや溶剤などは使用しないでください。
◎ディスクは両面とも、鉛筆、ボールペン、油性ペンなどで文字や絵を書いたり、シールなどを添付しないでください。
◎ひび割れや変形、または接着剤などで補修されたディスクは、危険ですから絶対に使用しないでください。また静電気防止剤やスプレーなどの使用は、ひび割れの原因となることがあります。

### 保管上のご注意

◎使用後は、必ずプレーヤーから取り出し、付属のシートに収めて、直射日光の当たる場所や自動車の中など高温多湿の場所は避けて保管してください。

### 視聴の際のご注意

◎明るい場所で、なるべくテレビ画面より離れてご覧ください。長時間続けての視聴は避け、適度に休憩をとってください。

| 90min | 片面一層 | COLOR | MPEG2 | 複製不能 |
|---|---|---|---|---|

# AYA's BODY & MIND

目指すのは"強く、美しいカラダ"。トレーニングを積んでいると、不思議と心もどんどん鍛えられていきます。心身から自信が溢れ出る人になりたい──。これが、私がタフなトレーニングを続ける理由。心身ともに美しい女性を一緒に目指しましょう！

Swimwear:
VICTORIA'S SECRET

# AYA ボディをつくる言葉

トレーナーとして、1人の女性として、心に刻んでいることをお伝えします。
トレーニングをしながら、あなた自身の言葉で目標を見つけてみてください。

## " 強く、美しく
## あり続けたい "

心身ともに鍛えてこそ、真の強さを手にすることができます。真の強さをもたらしてくれる唯一のものが、トレーニング。肉体的に強くなるのはもちろん、挫けそうな時、自分を奮い立たせながら目標を達成することで、精神的にもタフになっていくのです。そんなトレーニングを続けていったら、美しくならないわけがないと思いませんか。さらなる強さと美しさを求め、トレーニングはずっと続けていくと誓っています。

*Faster, Stronger, Better !*

## " 鍛えることから
　　　生まれる自信 "

以前、すごくシャイだったのにトレーニングを続けた結果、オープンマインドな性格に変わった方がいました。タフなトレーニングを乗り切った達成感や、自分にだってできるんだ、という自信によって、自ら殻を打ち破ることに成功したのです。トレーニングには、人に自信を与え、性格や考え方を変える力さえもあります。私自身、トレーニングの難易度を上げ、課題をクリアするたびに、自信が深まっていくのを実感します。

## *Tough* × *Beauty!*

## " そこに立っているだけで
　　　存在感のある人になる "

何か言葉を発したわけでもないのに、現れただけで、その場の空気をガラッと変えることができる、存在感抜群の人っていますよね。その人から溢れて出てくる自信やオーラ、そして誇り。決して目に見えるものではないけれど、そういうのって絶対に伝わるし、人を魅力的に輝かせてくれます。私も、「この人に教わりたい」と直感してもらえるように、堂々と胸を張り、自信と誇りをもって人生を歩んでいきたいと思っています。

## " トレーニングは 自分にとってのビタミン "

私にとって、ビタミンのように自分を元気にしてくれて、生きていくうえで欠かせないのがトレーニング。朝昼晩ご飯を食べ、夜になったら眠りにつくように、当たり前のようにやっています。もはや "NO TRAINING, NO LIFE"！トレーニングをはじめたばかりの時期は「しんどい」「面倒」と思うかもしれませんが、続けていくうちに、カラダを動かさないと気持ち悪くなってきます。そう感じるようになったらしめたもの！

## " 常に進化し続けたい "

トレーニングにも、人生にも、ゴールはありません。ひとつ目標を達成できたら、新しいものを設定します。自転車を漕がずに放っておいたら錆びてしまうのと同じように、カラダもトレーニングをしなければすぐに衰え、人生も輝きを失ってしまいます。そう、"常に進化し続けたい" というのは、究極の目標なのです。目標達成のためには、明日できることも今日やるように心がけています。ダイエットも今日がスタート！

Top: Select Shop
Bra: VICTORIA'S SECRET
Leggings: Reebok
Shoes: ZARA

*Strong is New Sexy!*

BODY & MIND

# AYA ボディになるための Q&A

1人でトレーニングしていると、疑問や悩みが出てくるもの。
SNSでよく聞かれる質問を中心に、ボディメイクの秘訣をお教えします。

## Q1 頑張っているのに体重がなかなか減らない……。どうすればいいですか?

### A 体重を気にしても意味なし!

筋肉は重たいので、トレーニングをしたら、必然的に体重は増えます。つまり、体重は無視してOK。気にすべきは体脂肪率と見た目の変化です。

## Q2 やはり食事にはストイックになったほうがいいですか?

### A ルールは必要。でもユルさも大事!

トレーニングするからこそ、カラダをつくる栄養はとても重要。食事をセーブしすぎて、女性にとって必要なうるおいやツヤまで失っては本末転倒です。自分自身にルール(CHAPTER4)を課していますが、さほどストイックではないはず。好きなものを食べる日もあるから、ストレスも溜まりません。土日のチートデイ(自分を甘やかす日)には、大好きなモンブランやアップルパイだって食べちゃいます。

## Q3 筋肉痛のときもトレーニングをしてもいいですか?

### A ひどい痛みなら筋トレはストップ

痛みが強いときは、無理をせず控えましょう。ただ、有酸素運動なら負担が軽いので、CHAPTER2で紹介する有酸素運動だけをしたり、ジョギングで汗をかいたり、運動習慣を途切れさせないで。

## Q4 ストレッチって必要ですか？

### A 効果を上げるためにはマスト

ストレッチをせず関節の可動域が狭まったままで始めると、パフォーマンスが落ちてしまいます。怪我の原因にもなるので、必ずストレッチを！　私がトレーニング前に行っているウォームアップストレッチとあわせて、クールダウンのためのストレッチも、CHAPTER3 で紹介しています。

## Q5 ファッションで重視するポイントは？

### A ボディラインは隠さず、見せる！

鍛えることでカラダのラインを見せたくなるし、いろんなファッションに挑戦してみたくなります。参考にしているのは、New Yorker の着こなし。フィットネスウェアをミックスしたファッションのお手本はモデルのジジ・ハディッド（下写真）。私も愛用するフィットネスブランド「リーボック」のブランドアンバサダーなんです。

## Q6 目指すボディのイメージはありますか？

### A 理想像はヴィクシーモデル♡

ストイックにトレーニングして、女性としてもチャーミング。"タフ＆ビューティ" を体現するヴィクトリア・シークレットのモデルに憧れます。ジジもヴィクシーモデルの1人。

©リーボック

*I hope you feel beautiful today!*

## Q7 トレーニング以外に心がけていることは？

### A 水分、マッサージ、睡眠！

トレーニング中の水分補給には、微炭酸のミネラルウォーターが飲みやすくてお気に入り（右）。お風呂上がりには、使った筋肉をWELEDAのオイルでケア（中）。プエラリア成分入りクリームで、バストマッサージも欠かしません（左）。そして早寝早起きが基本！

# CHAPTER
## 2
---

# 15 BASIC
# EXERCISES

AYAトレの基本となる15のエクササイズを紹介します。お腹、脚やヒップ、二の腕や背中、バストと、女性がとくに気になるパーツをターゲットにした筋トレを用意しました。1週間プログラムに取り組む前に、まずはひとつひとつのエクササイズのフォームを正確にマスターしましょう。

Swimwear:
import

BASIC EXERCISES

# 基本のエクササイズ15

　基本のエクササイズは、脂肪を燃焼させるために不可欠な有酸素運動にプラスして、お腹、脚といった気になるパーツそれぞれをターゲットにした筋トレを用意しました。運動経験の少ない人でも取り組みやすいように『AYA ボディメソッド』のエクササイズよりも強度を落としています。物足りないと感じる人は、負荷 UP の方法で試してみてください。けっしてラクではないはずですよ。

　エクササイズを行ううえでもっとも重要なのは、正しく行うこと。正しいフォームで行ってこそ効かせたい箇所に効くし、故障せず続けられます。腕立て（プランク・ホールド）や腹筋（シット・アップ）など、やったことがあったり簡単そうに見えたりするものこそ、基本がおろそかになりがち。初心者はもちろん経験者も、腕や脚、重心の位置は正しいか、フォームをひとつひとつチェックしながら行ってください。フォームを安定させるためにペットボトルのウエイトを使うエクササイズもご紹介しています。

　CHAPTER5では、この章で紹介する有酸素運動と筋トレを効果的に組み合わせて、1週間プログラムとして提案しています。ただ、いろいろな種目を組み合わせるのがハードだという人、気になるパーツにターゲットを絞りたい人、時間がない人は、まずは1種目だけ徹底的にチャレンジするのもいいでしょう。

---

**AYAトレのルール**

 **無酸素運動（筋トレ）だけでなく有酸素運動も**

　無酸素運動 × 有酸素運動を組み合わせれば、筋肉づくりと
　脂肪燃焼を同時に狙えて効果的！

 **1種目だけチャレンジするなら**
**12〜15回×3セットを目安に**

　気になるパーツを鍛えたいときや時間がないときは、
　1種目だけ集中的に行ってもOK。

**3** **正しいフォームで行う**

　ウエイト代わりに使うペットボトルがカラダの軸をブレさせず、
　フォームを安定させます。負荷がキツいときは水の量を減らして調整を。

# 1 | Star Jump
## スタージャンプ

**必要なのは、高さではなくリズム感！**

① ② ③

手は太ももの横に、足
同士をつけて立つ。

脚と腕を開いてジャン
プ。高さはいらない。

①の基本姿勢に戻り、
ふたたびジャンプ。

# 2 Mountain Climber
## マウンテン・クライマー

**腕立ての体勢で山を駆け上がるイメージ**

① 腕立ての姿勢からス
タート。手は肩の真下。

② 片膝を曲げる。これで
1回とカウント。

③ 前の脚を入れ替える。
この時点で2回。

NG

NG

肩の位置より前に出たり、肩幅より
広げたりして手をつくと効果減。

# 3 | Half Burpee
## ハーフ・バーピー

**ジャンプなしだから "ハーフ" のバーピー**

① 手は太ももに、まっすぐ自然な状態で立つ。

② 膝を曲げて前かがみになり、両手を床につく。

③ 手はそのまま、軽く跳びながら両脚を引く。

④ 手をついたまま軽く跳び、両膝を曲げる。

⑤ 立ち上がったら、両手を頭の上で合わせる。

**NG**

つま先立ちにならないように。かかとがつかない人は、足を広めに開いてOK。

**NG**

腕を上げるのは、しっかり直立してから。前屈みの状態では上げない。

21

# 4

# Plank Hold
## プランク・ホールド

**腕の力に頼らず、腹筋でカラダをキープ**

① ひじを直角に曲げ、つま先を立てて、腕立て伏せの姿勢でキープ。脇はしっかり締める。呼吸を止めないこと。この種目だけ行うときは、20秒＋10秒休憩×8セットを目安に。

NG

NG

お腹が落ちたり、お尻が上がったりしないように、頭から足先まで一直線をキープ。

**ARRANGE**

負荷UP ▲

つま先をまっすぐに伸ばすとよりコアに効く。

# 5 ｜ Weighted Sit Up
## ウエイテッド・シット・アップ

**ペットボトルで負荷をかけつつ、重心移動しやすく**

準備するもの
・2L ペットボトル
・バスタオル

①  → ②

腰が当たる位置にバス
タオルをセット。ペッ
トボトルを持つ。

仰向けで足裏同士をつける。ペットボトルは頭上へ。

③  → ④

ペットボトルを重りにして、その反動を使って起き上がる。腕は曲げないように。キツけ
れば、水の量を減らし負荷を下げても。

上体はしっかり
起こすこと。

# 6 | Rockies
## ロッキース

準備するもの
・2L ペットボトル

**ひねってひねって、憧れのくびれウエストへ**

①
ペットボトルを持ち、膝を立てて座り、足を浮かせる。

②
ひじを張り、顔は正面のまま、腰を右にツイスト。

③
左にツイスト。右にひねって1回、左にひねって1回とカウント。

**ARRANGE**

負荷 DOWN ▼

難しい人は、足を床につけたままで。キツければ、水の量を減らしても。

# 7 | Bench Twist Up
## ベンチ・ツイスト・アップ

**腹筋にひねりをプラス。見せたくなるお腹に**

> 準備するもの
> ・椅子、ベンチ、ベッドなど
> （安定し、グラグラしないもの）

①

椅子などに両足をのせる。両手は頭の横に。

②

腰をひねりながら起き、左手を右足にタッチ。

③

①に戻る。

④

②と逆に起き上がって、手で左足をタッチ。右にひねって1回、左にひねって1回とカウント。

## ARRANGE

負荷DOWN ▼

足にタッチできずとも、ギリギリまで起き上がる。

Swimwear:
**VICTORIA'S SECRET**

# 8 | Over Head Lunge
## オーバー・ヘッド・ランジ

**お尻に刺激が届いているかチェック**

準備するもの
・2Lペットボトル

① まっすぐ立ち、ペットボトルを頭の上へ。

② 腕はそのまま、一歩踏み出し右膝を曲げる。

③ ①の基本姿勢に戻る。腕の位置はキープ！

④ ②とは逆に、一歩踏み出して左膝を曲げる。

**NG** 腕が伸びてないと、負荷が減ってしまう。

**NG** 膝は、床につくまでしっかり曲げる。

**ARRANGE** 負荷DOWN▼

腕を上げず、ペットボトルを胸につけて行う。キツければ、水の量を減らしても。

27

# 9 | Hip Thruster
## ヒップ・スラスター

> 準備するもの
> ・2Lペットボトル
> ・椅子、ベンチ、ベッドなど
> （安定し、グラグラしないもの）

**上下運動でたるんだお尻に喝！**

① 椅子に低く寄りかかり、足は肩幅に。ペットボトルを下腹に置きウエイトに。

② キュッとお尻に力を入れて、アップ！

③ お尻をダウン。ただしお尻を床につけない。キツければ、水の量を減らしても。

## ARRANGE

負荷DOWN ▼

ペットボトルなしで、お尻を床につける。

# 10 | Good Morning
## グッド・モーニング

**もも裏からお尻を気持ちよくストレッチ**

① 足を肩幅に開いて立ち、両手を耳の横に。

② お尻をまず引く。

③ 顔は正面のまま、おじぎをするように上体を深く倒していく。

④ まっすぐに戻って繰り返す。

### NG

膝が曲がったり、腕が下がらないよう注意！

# 11 | Push Up
## プッシュアップ

**腕立て伏せは脇を締めるのが効果的**

① 腕立ての姿勢に。手を
つく位置は、肩の真下。

② 脇を締めたままひじを
引き、胸を床につける。

③ ①に戻る。腹筋を使い、
カラダを一直線に！

**ARRANGE** 　負荷DOWN ▼

腕立てができない人は、膝をついて OK。ただし、膝下は浮かせたまま。

脇をしっかり締めて、
肩に力を逃がさないこと。

# 12 ｜ Bench Dips
### ベンチ・ディップス

**二の腕＆背中に強烈な刺激！**

準備するもの
・椅子、ベンチ、ベッドなど
（安定し、グラグラしないもの）

①

椅子に背を向けて手を
つき、お尻を浮かせる。

②

椅子を押してひじを伸
ばし、カラダを一直線に。

③

ひじを引いてお尻を落
とし①に戻る。お尻が
床につかないギリギリ
の高さでキープ！

# 13 | Reverse Fly
## リバース・フライ

準備するもの
・500～750ml ペットボトル×2本

**上体はキープしたまま。ひじ曲げ厳禁！**

① ペットボトルを両手に持ち、やや前屈。

② ひじを伸ばしたまま胸を開き、ペットボトルを限界まで上げる。

③ 上体をアップダウンさせないで、①に戻る。キツければ、水の量を減らしても。

# 14 Bent Over Row
## ベント・オーバー・ロウ

> 準備するもの
> ・500 〜 750ml ペットボトル ×2 本

**肩甲骨同士をくっつけるイメージで**

① ペットボトルを両手に持ち、やや前屈。

② 脇を締めたまま両ひじを引く。

③ 上げたペットボトルを下げて①に戻る。キツければ、水の量を減らしても。

**NG**

脇が空いてしまうのはダメ。肩は上げない。

Jacket:
ZARA
Swimwear:
TRIANGL

# 15 | Diamond Push Up
## ダイヤモンド・プッシュ・アップ

**胸にダイレクトに効くダイヤモンド形**

準備するもの
・椅子、ベンチ、ベッドなど
（安定し、グラグラしないもの）

①

椅子に両手をつく。
脇はしっかり締める。

②

脇をしっかり締めた
まま腕立て伏せ。

③

両手の指先は内側
を向けてダイヤモ
ンド形をつくる。

お腹に力を入れたま
ま、腕を伸ばして①
に戻る。

# CHAPTER
## 3

# WARM-UP
# &
# COOL-DOWN
# STRETCHES

可動域を広げてくれるウォームアップは、
エクササイズのパフォーマンスを上げるた
めに欠かせません。激しく動いた後は、クー
ルダウンでカラダを整える必要があります。
エクササイズの前後には、ウォームアップ＆
クールダウンのストレッチを習慣づけて！

# WARM-UP ウォームアップ

**上半身**

足を肩幅に開き、両手を上に伸ばす。

そのまま左右に上体を倒す。

**肩から腕**

ひじを曲げて頭の後ろに。左右の
ひじを交互に押さえて伸ばす。

片腕を伸ばし、もう片腕でフック
して体に近づける。左右交互に。

胸の前で手を組み、大きな
ボールを抱えるように背中
を丸める。

背中側で手を組み、胸を開く。

そのまま前屈し、手の甲を
天井に向ける。

片足を前に出し、後ろ膝を床につく。両手は組んで、上に伸ばす。

太ももと股関節が伸びているのを感じながら、上体を左右交互に倒して伸ばす。

反対側も行う。

片膝を立て、手で外側にプッシュ。

開いた膝の位置をキープしたま
ま前屈し、両ひじを床につく。

前脚を伸ばして前屈。

上体を起こし、後ろ足の甲を
つかみ、お尻に引き付ける。

反対側も行う。

膝を左右に回す。　　　　　　　　　左右の手首、足首も回す。

# COOL-DOWN クールダウン

手足〜ふくらはぎ

仰向けになって両手両脚を上げ、手首足首をブラブラ揺らす。

手を床について、足の甲で
ふくらはぎをトントン叩く。

続けて、かかとでお尻
をトントン叩く。

ヒップ〜上半身

両手を床につけたまま、曲げた両膝を左右に倒す。

## 背中〜胸〜肩

あぐらで胸の前で手を
組んで、背中を丸める。

背中で手を組み、肩甲
骨を寄せて胸を開く。

組んだ手を離し、思い切り上げた
肩をストンと下げてリラックス。

## 深呼吸

下から大きく息を吸って、上体を伸ばす。

ゆっくり息を吐きながら上体を倒す。

ゆっくり息を吸いながら上体を起こ
し、ゆっくり息を吐いて終了。

# AYA BODY RECIPES

SNS に載せると大きな反響をいただく食事メニュー。「つくり方を知りたい」という声にお応えして、レシピを公開！ といっても、料理法はシンプル。特別な材料も道具も使いません。トレーニング後で疲れていても、忙しい朝でも、パパッとつくれるはずです。

# AYA ボディをつくる食事ルール 7

トレーニングと同じくらい大事なのが食事。自分なりのルールはありますが、特別なことをしている意識はありません。というのも、運動が日常になると、カラダが敏感になり、自然といいものを欲し、パフォーマンスを下げるような食べ物を受け付けなくなるんです。これも、トレーニングの大きなメリット！

 ## 筋肉をつくるたんぱく質をしっかり摂る

せっかくハードなトレーニングを頑張っているのだから、効果を最大限に感じたいもの。食事だけで筋肉はつくれませんが、材料となるたんぱく質がなければ、トレーニングをしても効率的に筋肉をつくれません。たんぱく質豊富なお肉や魚介類は、1日1食は必ず食べるようにしています。卵や豆類も高たんぱくで、栄養価の高い優秀食品。プロテインもいいですね。私はスムージーに入れています。摂取するタイミングは、トレーニングの後が効果的！

## 2 エネルギー源になる 糖質は朝に摂る

トレーニングのエネルギー源として糖質は不可欠なので、完全にカットはしません。とくに朝ならトレーニングで十分に消化できるので、摂っても問題ありません。ただ血糖値の急上昇を抑えるために、白米には雑穀を混ぜるようにします。一方、夜は寝るだけ。翌日のパフォーマンスが低くならないように控えています。

## 3 野菜はたっぷりを 心がける

ツヤのある肌や髪をキープするためにも、市販のジュースなどよりも、なるべくフレッシュな野菜でビタミンやミネラルを摂るようにしています。たっぷり食べればお腹が満足するのはもちろん、なるべくいろいろな種類を摂ることで、カラフルな色で見た目からも満足できます。ひじきやめかぶなどの海藻もいいですね。

 ## 油は必須！　良質のオイルを

"ボディメイク=油抜き" という間違った考えの方がまだいるようです。カロリーが気になるのかもしれませんが、完全な油抜きは肌の乾燥や便秘のモト。女性ならとくに意識して摂ってほしいくらい。ただ、質にはこだわってください。私の場合、代謝が速く火を通しても酸化しにくいと言われるココナッツオイルはお料理用、オリーブオイルはビネガーや塩と一緒にドレッシングとして使います。液状のオイルだけでなく、サーモンなどのフィッシュオイルに含まれるオメガ3やアボカドが含む脂質も、美と健康の味方！

 **スーパーフードを積極的に摂る**

キヌア、ヘンプシード、チアシード、スピルリナなど、栄養バランスに優れているスーパーフードは、"スーパー"とつくだけあってボディメイクで大きな力を発揮してくれます。高価と感じるかもしれませんが、少ない量で多くの栄養素を摂れるのでむしろおトクかも。料理法も意外と簡単。たとえば、お米にヘンプシードを混ぜておにぎりにしてしまえば OK。こんなふうに手軽に栄養価を高められるところも気に入っています。

## 6 おやつは栄養価を考えて

残念ですが、基本的に「太らないおやつ
はない」と思っています。でも、「お腹が
すいた」「何か食べたい」という欲求を抑
えこんでストレスになるくらいなら、超
高カロリーのポテトチップではなく、果
物やグラノーラ、ナッツなど栄養価の高
いもので満たしましょう。それでも、食
べ過ぎには注意を。メリハリをつけて。

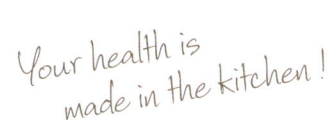

## 7 土日はチートデイ

平日は、スイーツもお酒も口にしないよ
うにしています。でも、実はどちらも大
好き♡ とくにモンブランには目がない
んです（笑）。土日だけは、好きなものを
全面解禁する"チートデイ"にしています。
このご褒美があるからこそ、翌日からの
1週間また頑張れるんです。次のページ
からは、そんなある1週間の月曜日から
金曜日の私の食事をご紹介します！

# " MONDAY "

見た目も鮮やかな炒飯でテンションを上げて、1週間のスタート！
AYAレシピの基本は、視覚で量を把握できるワンプレート。食べ過ぎを防げます。

*Breakfast*

## 雑穀米炒飯

栄養も彩りもパーフェクト！

**〔材料〕**

| | |
|---|---|
| 雑穀米 | 130g（お茶碗　軽く1杯） |
| ゆでえび | 50g |
| パプリカ（赤・黄色） | 30g |
| 玉ねぎ | 30g |
| いんげん | 50g |
| ココナッツオイル | 小さじ1 |
| 塩、こしょう | 各少々 |

**〔つくり方〕**

1 パプリカは小さめの乱切りに、玉ねぎは粗めのみじん切りに、いんげんは1センチ幅に切る。

2 フライパンにココナッツオイルを熱し、玉ねぎ、パプリカ、いんげん、えびを入れて炒める。

3 雑穀米を加えて炒め、塩、こしょうで調味する。

## Lunch

### サラダチキンとたっぷりグリーンサラダ

高たんぱくなチキンを主役に。

**（材料）**

| | |
|---|---|
| サラダチキン | 120g（1パック） |
| 生食用ほうれん草 | 30g |
| レッドオニオン | 10g |
| トレビス | 2枚 |
| ワインビネガー、レモン、塩、こしょう | 各適量 |

**（つくり方）**

1 生食用ほうれん草はざく切りにし、レッドオニオンはスライスする。トレビスは手でちぎる。

2 サラダチキンは薄切りにする。

3 お皿にサラダチキンを盛り付け、野菜、レモンを添える。ワインビネガー、塩、こしょうをかけていただく。

### アサイーグラノーラ

バナナで満足度UP！

**（材料）**

| | |
|---|---|
| グラノーラ | 30g |
| アサイー | 100g |
| バナナ | 1/4本 |

**（つくり方）**

1 アサイーにグラノーラとスライスしたバナナをのせる。

## Snack

## Dinner

### スモークサーモンとスプラウトのサラダ

サーモンから良質な脂質オメガ3を。

**（材料）**

| | |
|---|---|
| スモークサーモン | 60g（5枚くらい） |
| スプラウト（貝割れ大根など2種） | 各1/3パック |
| ルッコラ | 3枚 |
| ゆずこしょう、ポン酢、オリーブオイル | 各適量 |

**（つくり方）**

1 貝割れ大根は根元を切り落とし、半分に切っておく。

2 お皿に野菜とスモークサーモンを盛り合わせる。

3 ゆずこしょう、ポン酢、オリーブオイルを混ぜ合わせたドレッシングをかけていただく。

# " TUESDAY "

トレーニングのある日は、朝からしっかりご飯をいただきます。

夜は、頑張ったカラダにお肉のプレゼント。野菜も忘れずに。

## Breakfast

### 雑穀米のヘンプシードおにぎり
### ひよこ豆のチョップドサラダ

AYAの定番！　ヘンプシードおにぎり。

〔 材料 〕

| | |
|---|---|
| 雑穀米（ヘンプシード入り） | 130g |
| ゆで卵 | 1コ |
| ひよこ豆 | 80g |
| きゅうり | 1/2本 |
| アボカド | 1/4コ |
| レッドオニオン | 20g |
| 塩、黒ごま、オリーブオイル | 各適量 |

〔 つくり方 〕

1 雑穀米はおにぎりにする。

2 角切りにしたきゅうり、アボカド、レッドオニオン、ひよこ
豆を合わせ、塩、オリーブオイルで和えて、黒ごまをふる。

3 おにぎり、チョップドサラダ、ゆで卵を盛り合わせる。

## After Training

### プロテインベリースムージー

トレーニング後のプロテインは
スムージーにして美味しく。

〔 材料 〕

| | |
|---|---|
| 冷凍ストロベリー | 3個 |
| 冷凍ミックスベリー | 30g |
| プロテイン | スプーン1杯〜2杯 |
| りんごジュース | 200cc |
| トッピング用ミックスベリー | 適量 |

〔 つくり方 〕

1 材料をすべてミキサーに入れ、シェイクする。

2 グラスに注いで、ミックスベリーをのせる。

*Lunch*

## めかぶと海鮮のサラダ

ネバネバめかぶが健康美へと導く。

**（ 材料 ）**

| | |
|---|---|
| めかぶ昆布 | 50g（1パック） |
| ミックスシーフード | 50g |
| 枝豆<br>（ゆでてさやから出したもの） | 50g |
| ズッキーニ | 1/3本 |
| ミックスリーフ、にんじん、<br>紫大根、ポン酢、ごま油 | 各適量 |

**（ つくり方 ）**

1 ミックスシーフードはゆでてざるにあげる。

2 ズッキーニはスライサーで薄くスライスする。にんじんはせん切り、紫大根はいちょう切りにする。

3 お皿にミックスリーフを敷いて、めかぶ昆布、ズッキーニを盛り、ミックスシーフードをのせる。

4 にんじん、紫大根、枝豆を添え、ポン酢をかけていただく。

## 赤身牛肉のステーキ
## ほうれん草のソテー添え

*Dinner*

トレーニング＋赤身肉で燃焼ボディ！

**（ 材料 ）**

| | |
|---|---|
| 牛ももステーキ用肉 | 100g |
| ほうれん草 | 100g |
| カリフラワー | 3房 |
| ココナッツオイル、粒マスタード、塩、<br>こしょう、バルサミコ酢 | 各適量 |

**（ つくり方 ）**

1 ほうれん草はゆでてざく切りにする。カリフラワーはゆでる。

2 牛ももステーキ用肉は、塩、こしょうをして、ココナッツオイルを熱したフライパンで焼いてスライスする。

3 お皿に盛り付けて、粒マスタード、バルサミコ酢を添える。

# " WEDNESDAY "

ダラけてしまいそうな週の半ばは、手作りおやつでモチベーション UP。
夜は糖質オフを継続。しらたきのパッタイ、いけるんです！

## Breakfast

### キヌアのサラダピラフ

名案！　ご飯代わりにスーパーフード。

**（ 材料 ）**

| | |
|---|---|
| キヌア（ゆでたもの） | 150g |
| 鶏胸ひき肉 | 50g |
| パプリカ（赤） | 50g |
| ココナッツオイル | 小さじ1 |
| レッドオニオン、ルッコラ、塩、こしょう | 各適量 |

**（ つくり方 ）**

1　パプリカは、小さめの乱切りにする。

2　フライパンにココナッツオイルを熱し、鶏胸ひき肉、パプリカを入れて炒め、塩、こしょうをふる。

3　キヌアを加えて軽く炒める。

4　お皿に盛り付け、スライスしたレッドオニオン、刻んだルッコラを散らす。

## Snack

### シナモン風味の焼きりんご

ノンシュガーだけど、シナモンとココナッツオイルの甘い香りで満足感アリ。

**（ 材料 ）**

| | |
|---|---|
| りんご | 1/2コ |
| ココナッツオイル | 小さじ2 |
| シナモン | 適量 |

**（ つくり方 ）**

1　りんごはスライスして芯を取り、水にさらす。

2　グラタン皿にりんごを並べ、ココナッツオイルをかけて、オーブントースターでこんがりと焼く。

3　シナモンをふっていただく。

## たらのソテー
## キャロットラペのサラダ添え

レーズンやくるみで味＆栄養価UP。

*Lunch*

【 材料 】

| 生たら | 1切れ | A | マスタード | 小さじ1/2 |
| にんじん | 1/3本 | | ワインビネガー | 大さじ1 |
| レーズン | 大さじ2 | | オリーブオイル | 大さじ1 |
| | | | かぼちゃ | 50g |

ココナッツオイル、塩、
こしょう、くるみ、
イタリアンパセリ　　　　各適量

【 つくり方 】

**1** にんじんはできるだけ細いせん切りにし、塩をふっておく。

**2** にんじんがしんなりとしたら、レーズン、粗く刻んだくるみ、混ぜ合わせたAで和える。

**3** 生たらは塩、こしょうをし、フライパンにココナッツオイルを熱してソテーする。一口大に切り、電子レンジで加熱したかぼちゃもソテーする。

**4** お皿にたらのソテーをのせ、イタリアンパセリを散らす。2のキャロットラペとかぼちゃのソテーを添える。

*Dinner*

## しらたきのパッタイ風

"麺→しらたき" で大幅カロリーダウン。

【 材料 】

| しらたき | 1袋 | A | しょうゆ | 小さじ2 |
| 豚ひき肉 | 50g | | ナンプラー | 小さじ1/2 |
| ゆでえび | 3尾 | | 目玉焼き | 1コ |
| もやし | 1/4袋 | | 香菜、塩、こしょう | 各適量 |
| ココナッツオイル | 小さじ2 | | | |

【 つくり方 】

**1** しらたきは、水けをきり、鍋に入れて空炒りして水分をとばす。

**2** フライパンにココナッツオイルを熱し、豚ひき肉、しらたき、もやしの順に入れて、炒める。

**3** Aで調味をし、塩、こしょうで味を調え、刻んだ香菜を半分混ぜる。

**4** お皿に盛り付け、えび、目玉焼き、残りの香菜をのせる。

# " THURSDAY "

「ヘルシーだから野菜だけ」ではなく、いろんな食材をバランスよく摂ることが
大事。3食で、肉、魚、野菜、海藻、豆類、炭水化物などをまんべんなく。

*Breakfast*

## 雑穀米のヘンプシードおにぎり　ひじきとミックスビーンズのサラダ

ひじき×豆は栄養の宝庫。

**［ 材料 ］**

| | | |
|---|---|---|
| 雑穀米（ヘンプシード入り） | 130g | |
| ひじき | 10g（乾燥） | |
| ミックスビーンズ | 80g | |
| ブラウンマッシュルーム | 2個 | |
| A ┌ オリーブオイル | 小さじ1 | |
| │ ワインビネガー | 大さじ1 | |
| └ しょうゆ | 少々 | |
| すり白ごま、オレンジ | 各適量 | |

**［ つくり方 ］**

1 雑穀米はおにぎりにする。

2 ひじきは水で戻してゆでて、ミックスビーンズ、
スライスしたマッシュルーム、Aと混ぜ合わせる。

3 お皿に盛り合わせ、オレンジを添える。

# Lunch

## 豚肉とさつまいものソテー　ヨーグルトソース

さつまいもの糖質はエネルギーに早変わり！

**（材料）**

| | | | | |
|---|---|---|---|---|
| 豚肉ロース肉 | 1枚（150g） | | プレーンヨーグルト | 大さじ4 |
| さつまいも | 3切れ | A | チアシード | 小さじ1 |
| ココナッツオイル | 小さじ2 | | レモン汁、塩、こしょう | 各少々 |
| | | | スナップえんどう | 6本 |
| | | | ココナッツオイル、塩、こしょう | 各適量 |

**（つくり方）**

1 さつまいもは輪切りにし、電子レンジで加熱したのち、ココナッツオイルを熱したフライパンに入れてソテーする。

2 スナップえんどうはゆでる。

3 豚肉は、塩、こしょうをふり、ココナッツオイルでソテーする。

4 お皿に盛り合わせ A のヨーグルトソースをかけていただく。

# Snack

## ミックスナッツ

くるみ、アーモンドなどのナッツは、良質な脂質だけでなくビタミンが含まれていて、小腹が空いたときのおやつにぴったり。必ず、オイルを使わない素焼きのものを選んで。

# Dinner

## サーモンのソテー　ミニトマトのラタトゥイユ風添え

ローズマリーの香りが鮭を包み込む。

**（材料）**

| | |
|---|---|
| サーモン | 1切れ（150g） |
| ミニトマト（赤・黄色） | 各4コ |
| セロリ | 10cm分 |
| 野菜ジュース | 100cc |
| ココナッツオイル、塩、こしょう、ローズマリー | 各適量 |

**（つくり方）**

1 鍋にココナッツオイルを熱し、ミニトマト、薄切りのセロリを入れて炒め、野菜ジュースを加えてトマトが煮崩れるまで煮る。塩、こしょうをする。

2 サーモンに塩、こしょうをふる。

3 アルミホイルにサーモン、ローズマリーをのせて、オーブントースターでグリルする。

4 サーモンと 1 のラタトゥイユをお皿に盛り合わせる。

# " FRIDAY "

平日の5日間は、バランスのいい食事を心がけてヘルシーに。

今日を乗り越えたら明日からは待望の"チートデイ"！ 土日はスイーツもお酒も解禁です。

## Breakfast

### 雑穀米のごま塩ふりかけ
### 照り焼きチキンと白菜の塩もみサラダ

トレーニングに備え、雑穀米×チキンでエネルギー満タンに。

**［ 材料 ］**

| | |
|---|---|
| 雑穀米 | 130g（お茶碗約1杯） |
| 鶏胸肉 | 1/2枚 |
| A[ しょうゆ、メープルシロップ | 各小さじ1 |
| ココナッツオイル | 小さじ1 |
| 白菜 | 2枚 |
| きゅうり | 1/3本 |
| のり | 1/4枚 |
| 塩 | 少々 |
| ミニトマト | 適量 |

**［ つくり方 ］**

1 白菜はせん切りに、きゅうりは輪切りにして、塩をふる。
　水分が出たら水けを絞り、ちぎったのりで和える。

2 鶏胸肉は薄切りにして、Aをもみ込む。

3 オーブントースター、または魚焼きグリルなどで、
　2をこんがりと焼く。

4 ミニトマトは半分に切る。

5 お皿に盛り合わせる。

## After Training

### プロテイングリーンスムージー

プロテイン入りスムージーをココナッツウォーター
で飲みやすく。スピルリナ入りで栄養価UP！

**［ 材料 ］**

| | |
|---|---|
| 小松菜 | 50g |
| キウイ | 2コ |
| スピルリナ | 小さじ1/2 |
| プロテイン | 大さじ2〜3 |
| ココナッツウォーター | 150cc |

**［ つくり方 ］**

1 材料をミキサーに入れて、シェイクする。

*Lunch*

## ニース風サラダ

ツナはお手軽なたんぱく源。

**〔 材料 〕**

| | | |
|---|---|---|
| じゃがいも | 80g | A ┌ カロリーハーフのマヨネーズ 大さじ1 |
| ブロッコリー | 3房 | └ 豆乳 大さじ1 |
| いんげん | 6本 | マスタード 小さじ1 |
| ツナ（ノンオイル） | 40g | イタリアンパセリ 適量 |
| 紫キャベツ | 2枚 | |
| パプリカ（赤・黄色） | 各30g | |

**〔 つくり方 〕**

1 皮をむいて乱切りにしたじゃがいも、ブロッコリー、筋を取ったいんげんをそれぞれゆでる。

2 紫キャベツは、せん切りにして塩でもむ。パプリカは乱切りにする。

3 お皿に盛り合わせて、Aとイタリアンパセリをかけていただく。

## まぐろとアボカドのポキ

*Dinner*

大好物のポキは、アボカドで良質のオイルをプラス。

**〔 材料 〕**

| | | |
|---|---|---|
| まぐろ | 80g | A ┌ 減塩しょうゆ 小さじ2 |
| アボカド | 1/2コ | │ オリーブオイル 小さじ1 |
| スプラウト | | └ わさび 少々 |
| （貝割れ大根など2種） | 各1/4パック | |
| 白ごま、レッド | | |
| オニオン、ライム | 各適量 | |

**〔 つくり方 〕**

1 まぐろ、皮をむき種を取ったアボカドはそれぞれ角切りにする。Aで和えてしばらく漬けておく。

2 レッドオニオンは薄切りにする。

3 お皿にスプラウトを敷いて、1 をのせて、白ごまをふり、貝割れ大根、レッドオニオン、ライムを添える。

CHAPTER
5
——

# AYA's 1WEEK WORKOUT PROGRAM

ベーシックな動きをマスターしたら、1週間プログラムのスタート！「もうダメ」とあきらめそうになった時が勝負です。そこから踏ん張れるかやめてしまうかはあなた次第。あと1エクササイズ。もう 10 秒。そんなふうにプログラムを突破していって。

Bratop,Leggings&Shoes:
Reebok

WORKOUT PROGRAM

# AYAトレ1週間プログラム

CHAPTER2で基本のエクササイズをマスターしたら、いよいよ1週間プログラムをスタート。
時間にすれば、1日につき10〜15分程度ですが、慣れるまでは、相当ツラいと思います。
でも、コツコツ積み上げたトレーニングは、けっして裏切りません。
やった分だけ結果が出ることは、私自身が証明。まずは1週間、DO IT!

マークの見方　　p.64からはじまる1週間プログラムのメニューは、p.19からの基本のエクササイズ15の組み合わせです。以下を参考にしてチャレンジ!

**For Time!**　このマークがあるメニューは、エクササイズをすべて終えるまでの時間を計って記録しておいて。次回チャレンジするときは、もっと速くできることを目標に!

**REPS**　指定回数繰り返す（=repeat）。「10REPS」とあったら、10回繰り返し。

**↻ rounds of :**　指定のエクササイズの組み合わせを指定回数繰り返す。「10 rounds of :」とあったら、指定のエクササイズのセットを10ラウンド繰り返し。

**⏱ AMRAP**　指定の時間でできる限りの回数（=as many rounds as possible）行う。「5min AMRAP」とあったら、5分でできる限りの回数を行う。

**sec**　指定のエクササイズを指定の秒数行う。「30sec」とあったら30秒間行う。

**sec off**　休憩。「10sec off」とあったら10秒休憩。

**Sets**　指定エクササイズを指定回数ずつ行って1セットとする。エクササイズ A+エクササイズ B それぞれ「30-20-10」の Sets は、AとB それぞれ30回ずつで1セット→20回ずつで1セット→10回ずつで1セット。

**Between Sets**　エクササイズのセットの間に、指定のエクササイズを行う。

**⏱ EMOM**　毎1分以内に指定のエクササイズを指定の回数行う（=every minute, on the minute）。1分以内に指定のエクササイズが終われば、次の1分までは休憩。

## AYAトレ6つのルール

### Rule 1
**毎日、違うメニューの
ワークアウト**

CrossFitは、動きの組み合わせによってメニューが変わるのが大きな特徴。15の動きを1週間分ミックスしたので、飽きずに続けられるはず。2週目以降は、自分でアレンジしてOK。

### Rule 2
**1日2メニューから
好きなほうをチョイス**

2メニューから、その日の気分で決めても、最初の1週間はメニュー1だけを通して行い、次は2といった具合に進めても。物足りなくなったらもちろん、1日に2メニューも全然アリ!

### Rule 3
**有酸素運動と
無酸素運動の組み合わせ**

いわゆる筋トレは無酸素運動で、こればかりではただ筋肉が大きくなるだけ。有酸素運動で脂肪を燃やしつつ、筋肉にアプローチを。有酸素運動はランニングや縄跳びに置き換えても。

### Rule 4
**タオル、椅子、ストップ
ウォッチ、ペットボトルを用意**

腰への負担を減らすためのタオルとウエイト代わりのペットボトルを準備。椅子は安定感あるものを(ベッドでもOK)。ストップウォッチは、スマホの時計機能や無料アプリで代替できます。

### Rule 5
**ウェアとシューズは
動きやすいものを選ぶ**

ゆったりしたリラックスウェアではなく、動きを妨げないフィット感のあるウェアで。また、滑りやすくなるのでソックスではなく、裸足かワークアウト用シューズで行ってください。

### Rule 6
**ダラダラしないで
限界に挑戦**

ダラダラやっても、効果は一向に上がりません。持っているMAXの力を一気に出し切って。できたらカラダが寝る準備に入る夜は避けてほしいですが、やれるときに続けることがいちばん!

### もしキツすぎてできなかったら……

時間の指定があるエクササイズは、自分のペースで。回数の指定があるエクササイズが、キツくてどうしてもできない場合は、回数を減らしてもよいので、プログラムを最後まで続けてみて。次に同じエクササイズにトライするときには、もっとできるように頑張ってみましょう。無理せず続けることが肝心!

### DVDについて

MENU1はエクササイズを指定の回数、時間通りにAYAと一緒にできるフルバージョン、MENU2は、回数、時間の指示通り自分で行うダイジェストバージョンです。ただし、MENU1を見ながらAYAのペースで一緒に行うとキツいという人は、無理せず続けられるペースにダウンしましょう。

*Let's Start!*

For Time!

## MENU1

### ↻ 2 rounds of :

**Star Jump　スター・ジャンプ** `50 REPS`

**Weighted Sit Up ウエイテッド・シット・アップ** `40 REPS`

**Rockies　ロッキース** `30 REPS`

**Reverse Fly　リバース・フライ** `20 REPS`

**Diamond Push Up ダイヤモンド・プッシュ・アップ** `10 REPS`

For Time!

## MENU2

### Star Jump　スター・ジャンプ　30 REPS

### Push Up　プッシュ・アップ　30 REPS

### Bench Twist Up ベンチ・ツイスト・アップ　30 REPS

### Over Head Lunge オーバー・ヘッド・ランジ　30 REPS

### Bent Over Row ベント・オーバー・ロウ　30 REPS

### Star Jump　スター・ジャンプ　30 REPS

## MENU1

### 🕐 12 min AMRAP

**Half Burpee** ハーフ・バーピー
12 REPS

**Plank Hold** プランク・ホールド
12 sec

**Over Head Lunge** オーバー・ヘッド・ランジ
12 REPS

**Push Up** プッシュ・アップ
12 REPS

## MENU 2

**↻ 3 rounds of :**

### Half Burpee　ハーフ・バービー
30 sec

\+ **15 sec off**

### Plank Hold　プランク・ホールド
30 sec

\+ **15 sec off**

### Good Morning　グッド・モーニング
30 sec

\+ **15 sec off**

### Reverse Fly　リバース・フライ
30 sec

\+ **15 sec off**

## MENU1

### 🕐 10 min EMOM

**Half Burpee　ハーフ・バーピー**
12 REPS

**Bench Twist Up　ベンチ・ツイスト・アップ**
12 REPS

**Diamond Push Up　ダイヤモンド・プッシュ・アップ**
12 REPS

**Good Morning　グッド・モーニング**
12 REPS

**Bench Dips　ベンチ・ディップス**
12 REPS

＊各種目それぞれ1分内に。1分より早く終わったら次の1分
までの残り時間は休憩。この5種目を2ラウンドで10分間。

## MENU2

For Time!

### Sets

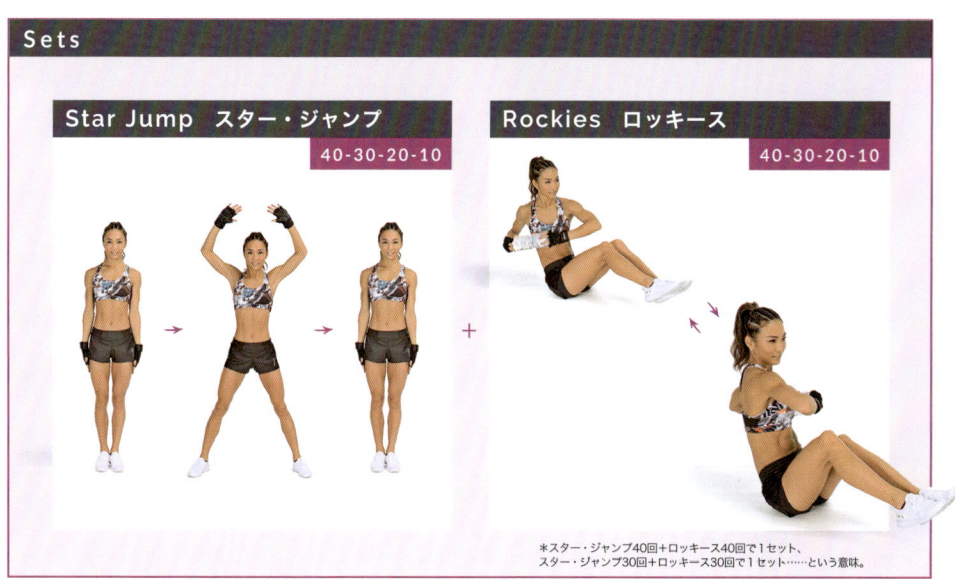

#### Star Jump スター・ジャンプ
40-30-20-10

#### Rockies ロッキース
40-30-20-10

※スター・ジャンプ40回＋ロッキース40回で1セット、
スター・ジャンプ30回＋ロッキース30回で1セット……という意味。

+ ### Between Sets

#### Reverse Fly
リバース・フライ　10 REPS

#### Over Head Lunge
オーバー・ヘッド・ランジ　10 REPS

#### Push Up
プッシュ・アップ　10 REPS

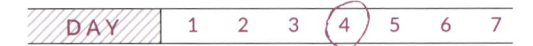

| DAY | 1 | 2 | 3 | ④ | 5 | 6 | 7 |

For Time!

### Mountain Climber　マウンテン・クライマー
**50 REPS**

+

### Diamond Push Up　ダイヤモンド・プッシュ・アップ
**5 REPS**

### Plank Hold　プランク・ホールド
**40 sec**

+

### Diamond Push Up　ダイヤモンド・プッシュ・アップ
**5 REPS**

### Hip Thruster　ヒップ・スラスター
**30 REPS**

+

### Diamond Push Up　ダイヤモンド・プッシュ・アップ
**5 REPS**

### Bent Over Row　ベント・オーバー・ロウ
**20 REPS**

+

### Diamond Push Up　ダイヤモンド・プッシュ・アップ
**5 REPS**

### Bench Dips　ベンチ・ディップス
**10 REPS**

+

### Diamond Push Up　ダイヤモンド・プッシュ・アップ
**5 REPS**

## MENU2

### ⟳ 3 rounds of :

**Bent Over Row** ベント・オーバー・ロウ　**10 REPS**

**Hip Thruster** ヒップ・スラスター　**10 REPS**

**Mountain Climber**
マウンテン・クライマー　**50 REPS**

**Weighted Sit Up**
ウエイテッド・シット・アップ　**50 REPS**

### ⟳ 3 rounds of :

**Bent Over Row** ベント・オーバー・ロウ　**10 REPS**

**Hip Thruster** ヒップ・スラスター　**10 REPS**

For Time!

## MENU1

### Mountain Climber　マウンテン・クライマー　100 REPS

### 3 rounds of :

| Good Morning グッド・モーニング 15 REPS | Bench Twist Up ベンチ・ツイスト・アップ 15 REPS | Bench Dips ベンチ・ディップス 15 REPS |

### Mountain Climber　マウンテン・クライマー　100 REPS

## MENU2

### ⏱ 5 min AMRAP

| Half Burpee ハーフ・バービー | 5 REPS | Hip Thruster ヒップ・スラスター | 5 REPS | Weighted Sit Up ウエイテッド・シット・アップ | 5 REPS |

### ⏱ 5 min AMRAP

| Half Burpee ハーフ・バービー | 5 REPS | Bench Dips ベンチ・ディップス | 5 REPS | Diamond Push Up ダイヤモンド・プッシュ・アップ | 5 REPS |

73

# DAY 6

| | | | | | | | |

For Time!

## MENU1

### Sets

| Mountain Climber　マウンテン・クライマー | 30-20-10 | | Rockies　ロッキース | 30-20-10 |

＊マウンテン・クライマー30回＋ロッキース30回で1セット、
マウンテン・クライマー20回＋ロッキース20回で1セット……という意味。

| Reverse Fly　リバース・フライ | 15 REPS |

### Sets

| Mountain Climber　マウンテン・クライマー | 10-20-30 | | Over Head Lunge　オーバー・ヘッド・ランジ | 10-20-30 |

＊マウンテン・クライマー10回＋オーバー・ヘッド・ランジ10回で1セット、
マウンテン・クライマー20回＋オーバー・ヘッド・ランジ20回で1セット……という意味。

## MENU2

### Star Jump スター・ジャンプ | 50 REPS

### Rockies ロッキース | 50 REPS

### ↻ 4 rounds of :

**Reverse Fly リバース・フライ** | 15 REPS

**Good Morning グッド・モーニング** | 10 REPS

**Push Up プッシュ・アップ** | 5 REPS

### Rockies ロッキース | 50 REPS

### Star Jump スター・ジャンプ | 50 REPS

For Time!

75

MENU1

For Time!

## Sets

### Good Morning グッド・モーニング
10-9-8-7-6-5-4-3-2-1

### Push Up プッシュ・アップ
10-9-8-7-6-5-4-3-2-1

+

＊グッド・モーニング10回＋プッシュ・アップ10回で1セット、
グッド・モーニング9回＋プッシュ・アップ9回で1セット……という意味。

## Sets

### Weighted Sit Up
ウエイテッド・シット・アップ
1-2-3-4-5-6-7-8-9-10

### Bent Over Row
ベント・オーバー・ロウ
1-2-3-4-5-6-7-8-9-10

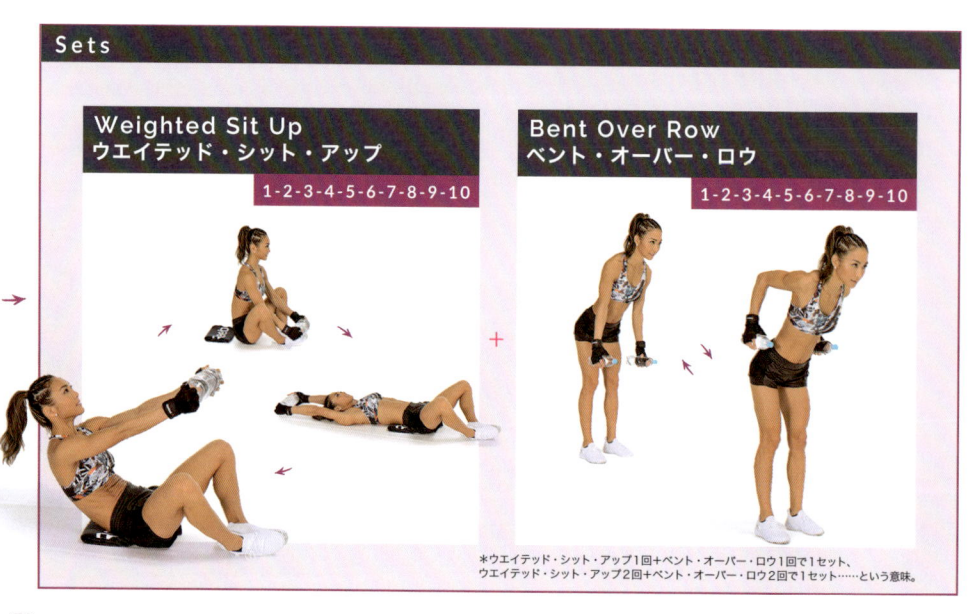

+

＊ウエイテッド・シット・アップ1回＋ベント・オーバー・ロウ1回で1セット、
ウエイテッド・シット・アップ2回＋ベント・オーバー・ロウ2回で1セット……という意味。

## MENU2

### 🕐 12 min EMOM

| Bench Dips ベンチ・ディップス | Half Burpee ハーフ・バービー | Bent Over Row ベント・オーバー・ロウ | Half Burpee ハーフ・バービー |
| 10 REPS | 5REPS | 10 REPS | 5 REPS |

| Hip Thruster ヒップ・スラスター | Half Burpee ハーフ・バービー | Bench Twist Up ベンチ・ツイスト・アップ | Half Burpee ハーフ・バービー |
| 10 REPS | 5 REPS | 10 REPS | 5 REPS |

| Diamond Push Up ダイヤモンド・プッシュ・アップ | Half Burpee ハーフ・バービー | Over Head Lunge オーバー・ヘッド・ランジ | Half Burpee ハーフ・バービー |
| 10 REPS | 5 REPS | 10 REPS | 5 REPS |

＊各セットそれぞれ1分内に。1分より早く終わったら次のセットに移るまでの残り時間は休憩。この6セットを2ラウンドで12分間。

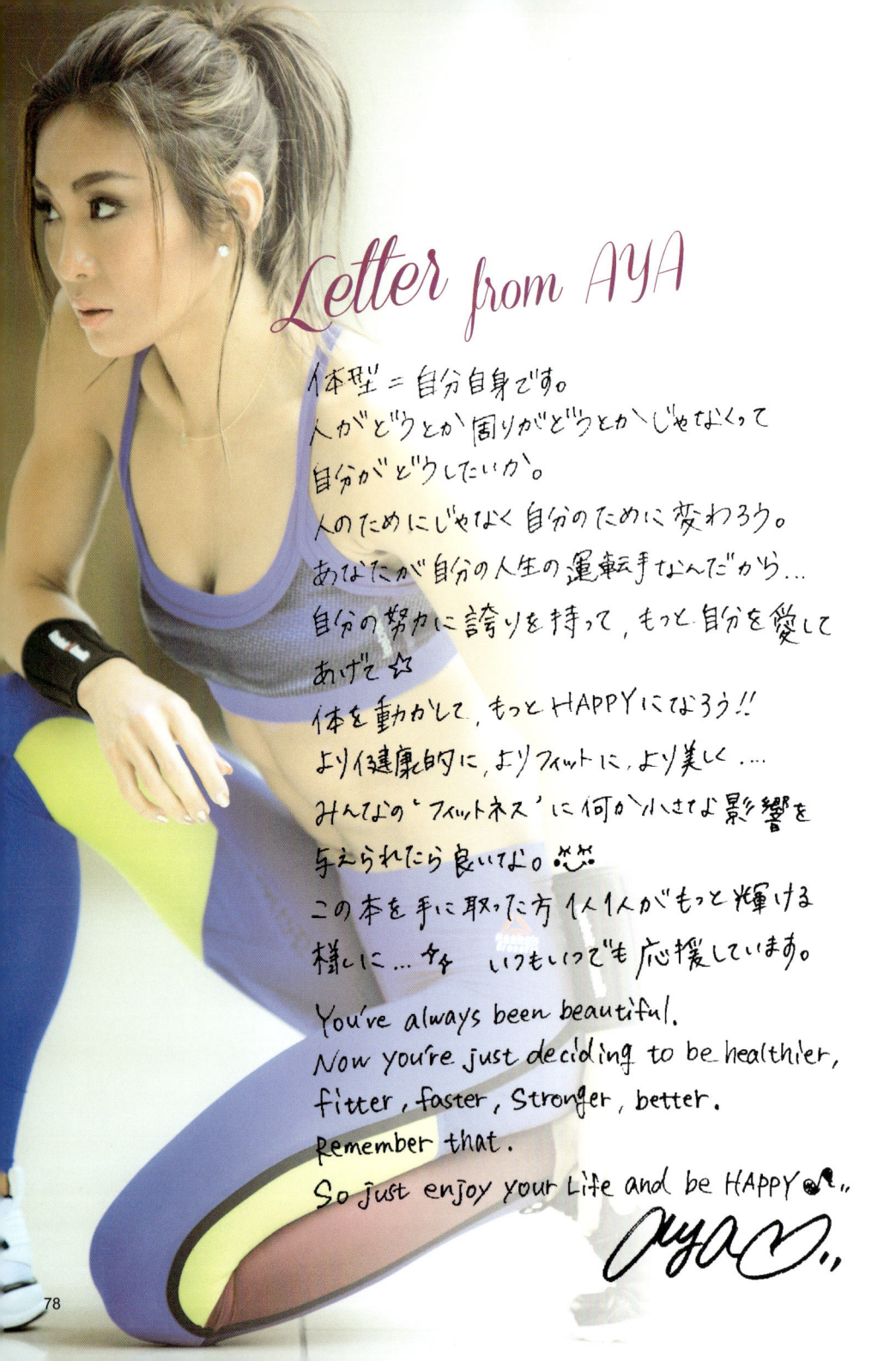

# Letter from AYA

体型＝自分自身です。
人がどうとか周りがどうとか、じゃなくって
自分がどうしたいか。
人のためにじゃなく自分のために変わろう。
あなたが自分の人生の運転手なんだから…
自分の努力に誇りを持って、もっと自分を愛して
あげて☆
体を動かして、もっとHAPPYになろう!!
より健康的に、よりフィットに、より美しく…
みんなの"フィットネス"に何か小さな影響を
与えられたら良いな。💋
この本を手に取った方 1人1人がもっと輝ける
様に…❤ いつもいつでも応援しています。

You've always been beautiful.
Now you're just deciding to be healthier,
fitter, faster, stronger, better.
Remember that.
So just enjoy your Life and be HAPPY 💋

*aya* 💋

**ウェア＆シューズ協力：リーボック**

**●リーボック直営店**

リーボック フィットハブ 六本木ヒルズ
東京都港区六本木 6-4-1 メトロハット / ハリウッドプラザ B1
☎03-5771-1024

リーボック フィットハブ 小田急百貨店新宿店
東京都新宿区西新宿 1-1-3 ハルク 2F
☎03-5322-0315

リーボック フィットハブ アクアシティお台場
東京都港区台場 1-7-1 アクアシティお台場 3F
☎03-3599-5630

リーボック フィットハブ 北千住マルイ
東京都足立区千住 3-92 北千住マルイ 5F
☎03-5284-2600

リーボック フィットハブ ららぽーと湘南平塚
神奈川県平塚市天沼 10-1 ららぽーと湘南平塚 2F
☎0463-25-1160

リーボック フィットハブ ららぽーと EXPOCITY
大阪府吹田市千里万博公園 2-1 EXPOCITY 2F
☎06-4864-8377

リーボック フィットハブ 博多 キャナルシティオーパ
福岡県福岡市博多区住吉 1-2-22 キャナルシティオーパ 3F
☎092-272-5857

その他お取り扱い店舗は、リーボック公式サイト（Reebok.jp 内の店舗検索）にてご確認いただけます。

**●リーボック公式サイト / オンラインショップ**
Reebok.jp

## AYA

1984年生まれ。クロスフィットトレーナー。ReebokONE Grand アンバサダー。体育大学を卒業後、フィットネスインストラクターになり、同時にモデルとしても活動。その後、運動強度の高い米国発祥のトレーニング「クロスフィット」と出合い、単に細いだけではなくタフに引き締まった身体を理想とするようになる。現在、「Reebok CrossFit Heart & Beauty」でトレーナーとして、タレント・モデルをはじめとして、男女を問わず身体への意識の高い多くのクライアントを担当する。著書に『AYA ボディメソッド〜 DVD付き 1日15分2週間でタフ×ビューティ・ボディ』（講談社）など。

装丁・本文デザイン：オオモリサチエ (and paper)
カバー・ファッション撮影：神戸健太郎
エクササイズ・動画撮影：林 桂多（講談社写真部）
動画編集協力：岸本拓之（講談社写真部）
料理撮影：嶋田礼奈（講談社写真部）
料理スタイリング：福岡直子
ヘア＆メイク：み山健太郎
構成：小泉咲子
マネージメント：前田正行（YMN）
協力：リーボック　Reebok.jp

**DVD付き　AYAトレ決定版　ベーシック編**

# AYA ボディメソッド BASIC

2017年　3月7日　第1刷発行
2017年12月1日　第6刷発行

著者　　　AYA

発行者　　鈴木 哲

発行所　　株式会社講談社
　　　　　〒112-8001 東京都文京区音羽2-12-21
　　　　　電話03-5395-3606（販売）03-5395-3615（業務）

編集　　　株式会社講談社エディトリアル
　　　　　代表　堺 公江
　　　　　〒112-0013東京都文京区音羽1-17-18 護国寺SIAビル6F
　　　　　電話03-5319-2171

印刷所　　大日本印刷株式会社
製本所　　株式会社国宝社

＊価格はカバーに表記してあります。
＊本書のコピー、スキャン、デジタル化などの無断複製は著作権上での例外を除き禁じられています。本書を代行業者などの第三者に依頼してスキャンやデジタル化することは、たとえ個人や家庭内での利用でも著作権法違反です。
＊落丁本・乱丁本は、購入書店名を明記のうえ、小社業務宛てにお送りください。送料小社負担にてお取替えいたします。
＊この本の内容についてのお問い合わせは、講談社エディトリアルまでお願いします。
©AYA 2017 Printed in Japan　　N.D.C.780.7　79p 21㎝　ISBN978-4-06-220508-5